CATALOGUE

D'UNE SUPERBE COLLECTION

DE

DESSINS ANCIENS

DE L'ÉCOLE FRANCAISE

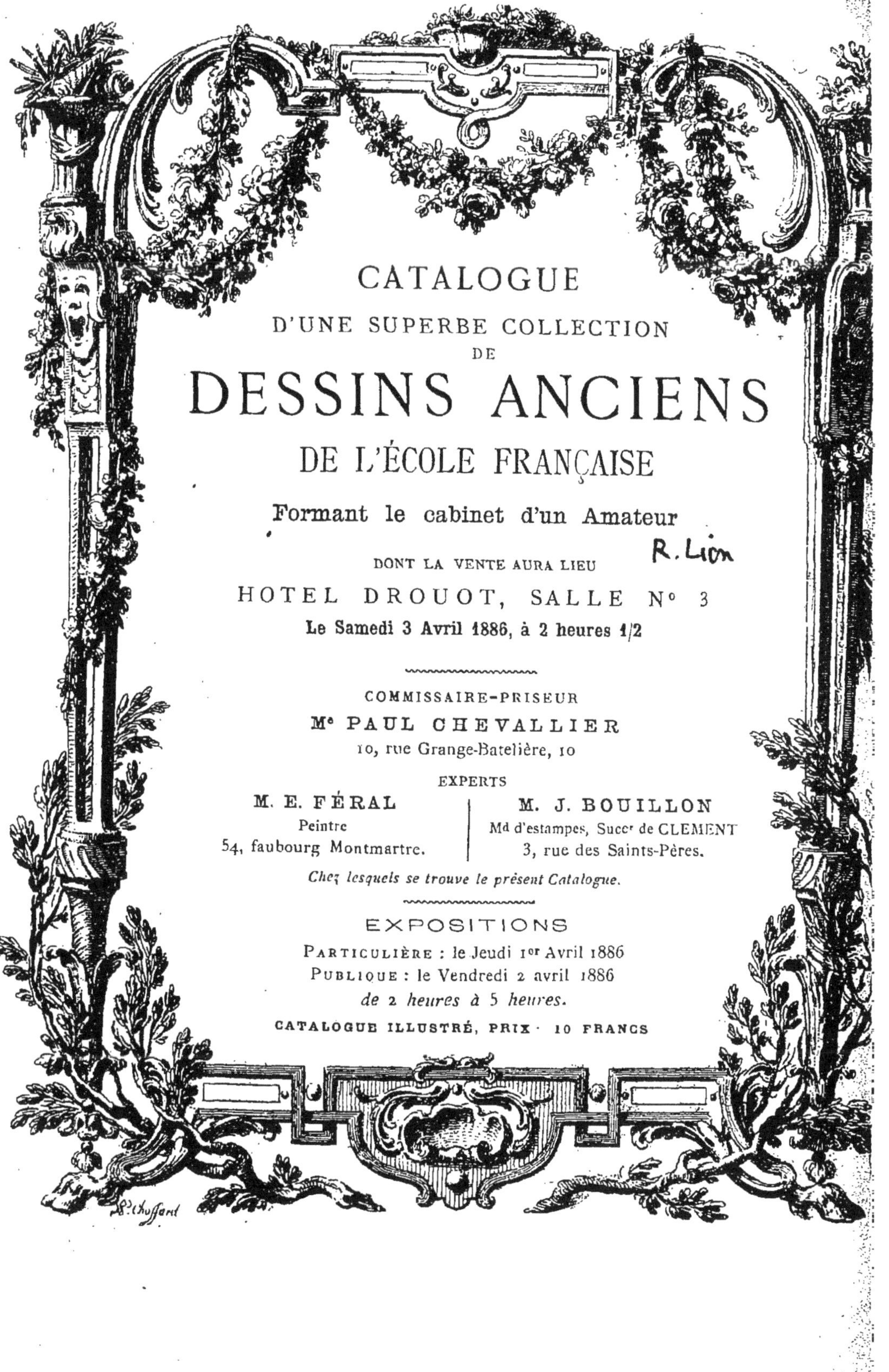

CATALOGUE

D'UNE SUPERBE COLLECTION

DE

DESSINS ANCIENS

DE L'ÉCOLE FRANÇAISE

Formant le cabinet d'un Amateur

R. Lion

DONT LA VENTE AURA LIEU

HOTEL DROUOT, SALLE N° 3

Le Samedi 3 Avril 1886, à 2 heures 1/2

COMMISSAIRE-PRISEUR

Me PAUL CHEVALLIER

10, rue Grange-Batelière, 10

EXPERTS

M. E. FÉRAL
Peintre
54, faubourg Montmartre.

M. J. BOUILLON
Md d'estampes, Succr de CLEMENT
3, rue des Saints-Pères.

Chez lesquels se trouve le présent Catalogue.

EXPOSITIONS

PARTICULIÈRE : le Jeudi 1er Avril 1886
PUBLIQUE : le Vendredi 2 avril 1886
de 2 heures à 5 heures.

CATALOGUE ILLUSTRÉ, PRIX : 10 FRANCS

CONDITIONS DE LA VENTE

Elle sera faite au comptant.

Les adjudicataires payeront *cinq pour cent* en sus des enchères

---

DÉSIGNATION

BACHELIER

(JEAN-JACQUES)

1 — *Portrait de Catherine-Etiennette Tripier le Franc.*

Elle est représentée en buste de profil à gauche, avec fleurs dans les cheveux et poudrée.

Dessin de forme ronde aux trois crayons.

Diam., 13 cent

Cadre en bois sculpté.

BINET

(VICTOR-DOMINIQUE-FRANÇOIS)

2 — *La Voiture versée.*

Plume et lavis d'encre de Chine.

Haut., 13 cent.; larg., 9 cent.

Cadre en bois sculpté.

BOREL

(ANTOINE)

3 — *La Bascule.*

Le Charlatan.

Deux dessins à l'aquarelle faisant pendants et signés.

Ils ont été gravés en couleur par Léveillé.

Haut., 32 cent.; larg., 47 cent.

Cadres en bois sculpté.

BOUCHER

(FRANÇOIS)

4 — *L'Enlèvement d'Europe.*

A la pierre noire, rehaussé de blanc, sur papier bleu.

Gravé dans les *Métamorphoses d'Ovide.*

Haut., 30 cent.; larg., 20 cent.

Cadre en bois sculpté.

BOUCHER

(FRANÇOIS)

5 — *Madame de Pompadour.*

Elle est représentée en buste, vue de face, avec quelques fleurs dans les cheveux.

Dessin aux trois crayons, paraissant être une étude pour le tableau : *la Toilette de Vénus.*

Haut., 31 cent.; larg., 21 cent.

Cadre en bois sculpté.

BOUCHER

(FRANÇOIS)

6 — *Fête de campagne.*

Au milieu, un charlatan et sa femme montés sur une estrade vendent des chansons, autour, des groupes de jeunes gens et d'enfants.

A gauche, d'autres jeunes gens dansent au son de la musique, dont jouent deux mendiants assis par terre.

Dessin au crayon noir rehaussé de blanc.

A été gravé.

Haut., 26 cent.; larg., 45 cent.

Cadre en bois sculpté.

BOUCHER

(FRANÇOIS)

7 — *Retour des champs.*

Jeune fille vue de face tenant un panier rempli de fleurs.

A la pierre d'Italie.

Haut., 23 cent.; larg., 19 cent.

La Toilette.

Jeune fille assise au bord d'une rivière, les pieds dans l'eau. Elle est accompagnée de deux autres jeunes filles qui lui mettent des fleurs dans les cheveux.

A la pierre d'Italie.

Haut., 23 cent.; larg. 19 cent.

Ces deux dessins faisant pendants ont été gravés par Huquier.

Cadres en bois sculpté.

BOUCHER

(FRANÇOIS)

8 — *Bohémienne avec son enfant.*

Debout, dans un paysage, vue de dos, tenant son enfant de la main droite.

A la sanguine.

Haut., 20 cent.; larg., 15 cent.

Le Repos de la bohémienne.

Elle est assise par terre, tournée à gauche, tenant un enfant dans ses bras et une écuelle de la main droite. Dans le fond, un petit garçon debout.

Sanguine et crayon noir.

Haut., 20 cent; larg., 13 cent.

Cadres en bois sculpté.

BOUCHER

(FRANÇOIS)

9 — *Portrait d'une jeune femme.*

Elle est représentée en buste, vue de face, avec fichu jeté sur les cheveux et noué sous le menton.

Aux trois crayons.

Haut., 32 cent.; larg., 24 cent.

Cadre en bois sculpté.

BOUCHER

(FRANÇOIS)

10 — *Paysage rocailleux traversé par une rivière.*

Sur le devant, une jeune femme à genoux. Une autre debout tenant un enfant dans ses bras. A gauche, de grands arbres.

Bistre et sanguine.

Signé et daté 1761.

Haut., 21 cent.; larg., 15 cent.

Cadre en bois sculpté.

BOUCHER

(FRANÇOIS)

11 — *Les Soins maternels.*

Dessin à la pierre d'Italie.

Haut., 20 cent.; larg., 14 cent.

Cadre en bois sculpté.

La Sœur aînée.

Dessin à la pierre d'Italie.
Fait pendant au précédent.

Haut., 28 cent.; larg., 14 cent.

Cadre en bois sculpté.

BOUCHER

(FRANÇOIS)

12 — *Paysage rustique.*

A la sanguine.

A été gravé.

Haut., 37 cent.; larg., 26 cent.

BUYS

(JACQUES)

13 — *Le Sacrifice d'Iphigénie.*

Plume et lavis d'encre de Chine.

Signé.

Haut., 15 cent., larg., 8 cent.

Cadre en bois sculpté.

CHARDIN

(JEAN-BAPTISTE-SIMÉON)

14 — *Les Dessinateurs.*

Ils sont assis à une table, en face l'un de l'autre ; deux flambeaux allumés sur la table.

Plume et encre de Chine.

Haut., 9 cent. ; larg., 13 cent.

Cadre en bois sculpté.

CLERMONT

15 — *La petite Laitière.*

Aux trois crayons.

Haut. 27 cent.; larg. 17 cent.

Le petit Marchand d'huîtres.

Aux trois crayons.

Ont été gravés.

Haut., 27 cent. ; larg., 17 cent.

Cadres en bois sculpté.

COCHIN

(CHARLES-NICOLAS)

16 — *Madame Fréron.*

Portrait en buste, de profil à droite, avec dentelle dans les cheveux, relevés et poudrés ; au cou, un ruban bouillonné, le corsage décolleté avec broderies.

Signé en bas : C. N. Cochin filius delin 1751 ; plus bas au crayon : *Première femme de M. Fréron. Cette pièce n'a jamais été gravée.*

Dessin au lavis d'encre de Chine et mine de plomb.

Haut., 17 cent. ; larg., 12 cent.

Cadre en bois sculpté.

COCHIN

(CHARLES-NICOLAS)

17 — *Charles-Antoine Jombert.*

Il est représenté en buste, de profil à droite, dans un médaillon rond.

Mine de plomb et sanguine.

Signé et daté 1763.

Diam., 10 cent.

Marie-Angélique Guérin, femme Jombert.

Elle est représentée en buste, de profil à gauche, coiffée d'un bonnet de dentelle, dans un médaillon rond.

Mine de plomb et sanguine.

Signé et daté 1763.

Fait pendant au précédent.

Diam., 10 cent.

COCHIN

(CHARLES-NICOLAS)

18 — *Portrait de Rousseau.*

Il est en buste, sur un piédestal que des enfants décorent de guirlandes de fleurs.

Croquis à la plume et au crayon noir.

Haut. 13 cent.; larg., 9 cent.

Cadre en bois sculpté.

COCHIN

(CHARLES-NICOLAS)

19 — *Concert d'anges sur des nuages.*

A la sanguine.
Signé C. N. Cochin Delin 1782.

Haut., 26 cent.; larg., 16 cent.

Cadre en bois sculpté.

Autre Concert d'anges.

A la sanguine.
Signé C. N. Cochin Delin 1782.
Fait pendant au numéro précédent.

Haut., 28 cent.; larg., 16 cent.

Ces deux dessins font partie d'une suite d'illustrations pour un Missel.
Ont été gravés.

Cadre en bois sculpté.

COCHIN ET SLODTZ

20 — *Vue de la place Vendôme, à Paris.*

Au milieu, la statue équestre de Louis XIV sur un piédestal ; dans le fond, les hôtels de la place.

Sur le devant, la représentation d'une fête publique dans laquelle défilent quelques chars traînés par huit chevaux, ornés de drapeaux et de figures allégoriques.

Un grand nombre de personnages regardent le défilé.

Plume et lavis d'encre de Chine, rehaussé de blanc.

Haut., 39 cent. ; larg., 77 cent.

Cadre en bois sculpté.

DEBUCOURT

(PHILIBERT-LOUIS)

21 — *Partie de campagne.*

Plusieurs personnages élégamment vêtus se livrent au plaisir de la danse dans un riche paysage.

A droite et à gauche, quelques groupes d'hommes et de femmes complètent la composition.

A la plume, lavé en couleur.

M. Guichardot cite ce dessin dans la collection Van den Zande comme l'œuvre la plus remarquable de ce maître.

Haut., 29 cent.; larg., 35 cent.

Cadre en bois sculpté.

DEBUCOURT

(PHILIBERT-LOUIS)

22 — *Le Billet de logement.*

Plume et lavis d'encre de Chine.

Haut., 11 cent.; larg., 8 cent.

DESRAIS

(C.-L.)

23 — *Deux cadres renfermant huit dessins représentant des coiffures de l'époque.*

Ces dessins sont exécutés à la plume avec lavis d'encre de Chine et de bistre.

Ils ont été gravés à quatre sur une même feuille dans le livre intitulé : *Galerie des modes et Costumes français,* ouvrage commencé en l'année 1778 ; dessiné d'après nature par Leclerc, Desrais, Martin, Simonet, Watteau fils et de Saint-Aubin.

A Paris, chez les sieurs Esnauts et Rapilly.

Haut., 14 cent. ; larg., 11 cent.

DROLLING

(MARTIN)

24 — *La Famille.*

La jeune mère est assise à droite tenant un enfant sur ses genoux ; une autre est debout devant elle.

Dans le fond, devant un paravent ouvert, le père est debout tenant un troisième enfant dans ses bras.

Dessin à la plume et lavis de bistre.

Signé.

Haut., 29 cent. ; larg., 20 cent.

DROUET

(J.-J.)

25 — *Geneviève-Françoise Drouet.*

Fille de J.-J. Drouet, graveur.
Dessin à la sanguine, de forme ovale.
Signé et daté 1785.

Haut., 16 cent.; larg., 12 cent.

DUMOUSTIER

(DANIEL)

26 — *Mademoiselle Defont-Lebon.*

En buste, la tête de trois quarts à gauche, avec grande collerette et collier de perles. En haut cette inscription : « *Mademoiselle Defont Lebon, l'une des filles de la reine Marie de Médicis.* »

Au crayon noir et lavis d'encre de Chine, avec rehaut de sanguine.

Haut., 42 cent.; larg., 32 cent.

Cadre noir guilloché.

DUMOUSTIER

(DANIEL

27 — *Portrait de la duchesse de Rohan.*

Elle est représentée en buste, de trois quarts à gauche et regardant de face, les cheveux bouclés ; elle porte un collier de perles. En haut, on lit cette inscription : « *Marie de Béthune, duchesse de Rohan.* »

Haut., 40 cent.; larg., 31 cent.

ÉCOLE ITALIENNE

(XVIIe SIÈCLE)

28 — *Plafond.*

Au milieu, un cartouche avec figures allégoriques sur des nuages.

Plume et lavis d'encre de Chine.

Haut., 82 cent.; larg., 25 cent.

ÉCOLE FRANÇAISE

(XVIIIe SIÈCLE)

29 — *Paysage.*

Sur le premier plan, un groupe de personnages autour de la statue de Vénus.

Lavis d'encre de Chine et d'aquarelle.

Haut., 31 cent.; larg., 18 cent.

EISEN

(FRANÇOIS)

30 — *Le Jeu de dés.*

Composition de quatre figures.

A la sanguine.

Haut., 22 cent.; larg., 31 cent.

Cadre en bois sculpté.

EISEN
(FRANÇOIS)

31 — *Titres frontispices.*

Etat des troupes et des états-majors des places (années 1760 et 1766).

Cartouches avec figures allégoriques et attributs aux armes du roi.

Plume et encre de Chine, rehaussé d'aquarelle.

Haut., 12 cent.; larg., 8 cent.

Cadre en bois sculpté.

EISEN
(CHARLES)

32 — *Frontispice des* Lettres d'une Péruvienne.

Un jeune homme, entrant à droite, dans un salon, surprend une femme qu'une soubrette habille.

Plume et lavis d'encre de Chine, dans un entourage ornementé.

A été gravé.

Haut., 12 cent.; larg., 8 cent.

Cadre en bois sculpté.

EISEN

(CHARLES)

33 — *Bazile.*

Ce dessin à la sanguine, rehaussé de blanc signé et daté 1773, a été gravé pour illustrer une des *Nouvelles* de Baculard d'Arnaud.

Haut., 14 cent.; larg., 10 cent.

Cadre en bois sculpté.

EISEN

(CHARLES)

34 — *Ermance.*

Au milieu, une jeune femme appuyée sur un lit où un homme est couché, semble plongée dans une profonde douleur.

Derrière elle, à gauche, un jeune homme debout.

Dessin à la mine de plomb.

Signé et daté 1767.

A été gravé dans les Œuvres de Baculard d'Arnaud.

Haut., 14 cent.; larg., 9 cent.

Cadre en bois sculpté.

EISEN

(CHARLES)

35 — *En-tête de page pour une des* Nouvelles *de Baculard d'Arnaud.*

A la mine de plomb sur vélin.

Haut., 6 cent.; larg. 9 cent.

EISEN

(CHARLES

36 — *En-tête de page pour les Œuvres de Baculard d'Arnaud.*

Dessin à la mine de plomb.
A été gravé.

Haut., 6 cent.; larg., 9 cent.

Cadre en bois sculpté.

EISEN

(CHARLES)

37 — *Ésope écrivant ses fables.*

En haut, la Vérité sur des nuages, que des amours découvrent aux yeux d'Esope.

A droite, un groupe d'animaux.

Plume et lavis d'encre de Chine.

A été gravé.

Haut., 13 cent.; larg., 9 cent.

Cadre en bois sculpté.

EISEN

(CHARLES)

38 — *Jeune Enfant debout.*

Plume et lavis de bistre.

Signé et daté 1767.

Haut., 11 cent.; larg., 9 cent.

FOKKE

39 — *Fleurons avec figures et attributs.*

Deux dessins à la plume et lavis d'encre de Chine.

Signés et datés 1757.

Haut., 10 cent.; larg., 15 cent.

FRAGONARD

(HONORÉ)

40 — *Le petit Prédicateur.*

Un enfant à droite, debout sur un coffre, soutenu par une jeune femme, semble parler à un groupe de personnages assis vers la gauche.

A été gravé, avec variante.

Haut., 35 cent.; larg., 46 cent.

Cadre en bois sculpté.

FRAGONARD

(HONORÉ)

41 — *Satyre et Bacchantes.*

A droite, un vieux satyre, les mains attachées derrière le dos, est lutiné par trois bacchantes à demi nues.

A la sépia.

Haut., 24 cent.; larg., 37 cent.

FRAGONARD

(HONORÉ)

42 — *Les Lessiveuses.*

A droite, sur le devant, deux hommes étendus à terre regardent des jeunes filles debout sur le rebord d'une fontaine où elles lavent.

Dans le fond du même côté, derrière une colonne, on aperçoit un groupe de figures et d'animaux.

Dessin à la sépia.

Signé.

Haut. 23 cent.; larg. 37 cent.

Cadre en bois sculpté.

FRAGONARD

(HONORÉ)

43 — *La Consultation.*

A droite, un charlatan assis à une table donne une consultation à une jeune fille et à un jeune homme debout à gauche.

A la sépia.

Haut., 23 cent.; larg., 17 cent.

Cadre en bois sculpté.

FRAGONARD

(HONORÉ)

44 — *Entrée d'un parc.*

Sur le devant, quelques figures; dans le fond, une allée bordée d'arbres, avec statues.

A la sépia.

Haut., 21 cent.; larg., 30 cent.

FRAGONARD

(HONORÉ)

45 — *Vue du jardin et du palais Médicis.*

A la sanguine.

Haut., 31 cent.; larg.. 45 cent.

Cadre en bois sculpté.

FREUDEBERG

(SIGISMOND

46 — *L'heureuse Famille.*

La mère est assise à droite ; le père est devant elle, lui prenant un jeune enfant de ses bras. Vers la gauche, une vieille femme assise semble corriger une petite fille.

Au lavis d'aquarelle.

Signé et daté 1770.

Haut., 20 cent; larg., 25 cent.

Cadre en bois sculpté.

FREUDEBERG

SIGISMOND)

47 — *Le Marchand de chansons.*

Dans un intérieur rustique, une jeune mère repasse du linge, tout en chantant une chanson, qu'un violoneux vient d'apporter et qu'il accompagne de son instrument. La grand'mère tient le livre de chansons ; un des enfants, sur le côté droit de la composition, retient un chien que la musique fait aboyer.

Au lavis d'aquarelle.

Signé et daté 1770.

Haut., 18 cent. ; larg., 23 cent.

Cadre en bois sculpté.

FREUDEBERG

(SIGISMOND)

48 — *La Toilette.*

Jeune femme assise à sa toilette ; une soubrette lui poudre les cheveux. Devant elle, un jeune homme assis lui parle ; au dessous, une tablette avec ces vers :

> Ne cherche poit à calmer mes alarmes,
> L'infidèle Emilie a prononcé mon sort.
> Amour, laisse plutôt, laisse couler mes larmes,
> Elles n'auront de terme que ma mort.

Le Repentir.

Jeune femme évanouie, deux soubrettes lui portent secours ; à ses pieds, un jeune homme à genoux implore son pardon ; sur une tablette en bas ces vers :

> Ah ! qu'ai-je fait, ô ma chère Emilie !
> L'état où je vous vois a détruit mon soupçon.
> L'extrême amour produit la jalousie,
> L'amant qui se repent est digne de pardon.

Deux dessins faisant pendants au lavis d'encre de Chine et d'aquarelle.

Haut., 19 cent. ; larg., 23 cent.

GILLOT

(CLAUDE)

49 — *Danseuse aux Castagnettes.*

Plume et encre de Chine.

Haut., 20 cent.; larg., 12 cent

GRAVELOT

(HUBERT)

50 — *Les premiers pas.*

Une jeune mère assise à droite auprès d'une cheminée tient par la main une petite fille, dont elle paraît diriger les pas.

Au lavis de bistre.

Haut., 8 cent.; larg. 10 cent.

Cadre en bois sculpté.

GUARDI

(FRANÇOIS)

51 — *Le grand Canal, à Venise.*

Aquarelle.

Haut., 32 cent.; larg., 48 cent.

Cadre en bois sculpté.

GUARDI

(FRANÇOIS)

52 — *Palais à Venise.*

Dessin à la plume.

Haut., 20 cent.; larg., 15 cent.

Cadre en bois sculpté.

GUÉRARD

53 — *Guinguette des environs de Paris à la fin du XVIIe siècle.*

Des personnages appartenant à toutes les conditions se trouvent réunis sur une place publique et se livrent à différents jeux; dans le fond, au milieu, une rue bordée de cabarets; à droite, à la fenêtre d'une maison, se trouvent placés quelques musiciens.

Plume et lavis d'encre de Chine et de bistre.

A été gravé.

Haut., 18 cent.; larg., 30 cent.

Cadre en bois sculpté.

HOUEL

(JEAN-PIERRE-LOUIS)

54 — *Parc traversé par une rivière.*

Au lavis de bistre.

Haut., 13 cent.; larg., 18 cent.

Cadre en bois sculpté.

HUBERT-ROBERT

55 — *Ruines.*

Sur un piédestal, à droite, la statue de Vénus embrassant l'Amour; au milieu, une jeune fille, assise sur un chapiteau lit dans un livre.

Dessin au lavis d'encre de Chine, rehaussé d'aquarelle.

Haut., 27 cent.; larg., 22 cent.

Cadre en bois sculpté.

HUBERT-ROBERT

56 — *Villa d'Italie.*

A droite, deux grands arbres avec fontaine dans une niche; à gauche, sur le devant, un groupe de personnages.

Aquarelle signée et datée 1776.

Haut., 31 cent.; larg. 42 cent.

Cadre en bois sculpté.

HUBERT-ROBERT

57 — *Entrée d'une prison.*

A la sanguine.

Haut., 20 cent.; larg., 25 cent.

Cadre en bois sculpté.

HUET

JEAN-BAPTISTE)

58 — *Le Retour du marché.*

Au milieu de la composition, un paysan dirige un âne chargé de provisions ; à droite, un groupe de personnages et d'animaux.

Dessin aux trois crayons.

Signé et daté 1776.

Haut., 32 cent.; larg., 47 cent.

Cadre en bois sculpté.

HUET

(JEAN-BAPTISTE)

59 — *Le Rendez-vous.*

Un berger et une bergère assis auprès d'un monument en ruines; à gauche, un pont, près d'eux, quelques animaux.

Signé et daté 1787.

Plume et sépia, rehaussé de blanc.

Haut., 29 cent.; larg., 20 cent.

Le Bain.

Quatre jeunes femmes se baignant dans une rivière; dans le fond, quelques ruines; à droite, des moutons couchés.

Signé et daté 1787.

Haut., 29 cent.; larg., 20 cent.

Cadre en bois sculpté.

HUET

(JEAN-BAPTISTE)

60 — *Cartouches composés de divers attributs.*

Quatre dessins à la plume et au lavis d'encre de chine.

Signés et datés J.-B. Huet, 1778-1779.

Dans un même cadre en bois sculpté.

HUET

(JEAN-BAPTISTE)

61 — *Moutons et chèvres.*

Deux dessins dans un même cadre à la plume et au lavis de bistre, rehaussés de blanc.

Haut., 10 cent.; larg., 16 cent.

Cadre en bois sculpté.

HUET

(JEAN-BAPTISTE)

62 — *Moutons couchés.*

Plume et lavis de bistre.
Signé.

Haut., 9 cent.; larg., 30 cent.

Cadre en bois sculpté.

ISABEY

(JEAN-BAPTISTE)

63 — *Le petit Coblentz, Boulevard de Gand, sous le Directoire.*

Dessin très curieux au point de vue du costume et des personnages qui y sont représentés : on y remarque entre autres, Isabey; auteur du dessin, Vestris, le prince Murat, Garat donnant le bras à Mme Récamier, Bonaparte, Talleyrand, etc.

Plume et lavis d'encre de Chine et d'aquarelle.

A été gravé par E. Loizelet.

Haut., 37 cent; larg., 46 cent.

Cadre en bois sculpté.

JOHANNOT
(TONY)

64 — *Première entrevue de Charlotte et de Werther.*

A la mine de plomb.
A été gravé.

Haut., 11 cent.; larg. 8 cent.

JOHANNOT
(TONY)

65 — *Les adieux de Charlotte et de Werther.*

Plume et lavis d'encre de Chine.

Haut., 15 cent.; larg., 12 cent.

JOHANNOT
(TONY)

66 — *Dessin d'illustration pour les* Contes *de Ch. Nodier.*

A la mine de plomb et lavis d'encre de Chine.
Signé.
A été gravé.

Haut., 9 cent.; larg., 13 cent.

JEAURAT

(ETIENNE)

67 — *Fontaines publiques à Paris.*

Deux dessins faisant pendants.

Plume et lavis d'encre de Chine.

Haut., 24 cent.; larg., 17 cent.

Cadre en bois sculpté.

LAGRENÉE

(JEAN-JACQUES), dit le jeune

67 *bis.* — *Enlèvement d'Europe.*

Carton pour la tapisserie.

Au lavis d'aquarelle.

Haut., 25 cent.; larg. 39 cent.

LANTARA
(SIMON-MATHURIN)

68 — *Site montagneux traversé par une rivière.*

Plume et sépia.

Haut., 9 cent.; larg., 12 cent.

Paysage avec figures.

Au lavis d'encre de Chine.

Haut., 10 cent.; larg., 13 cent.

Cadre en bois sculpté.

LARGILLIÈRE
(NICOLAS)

69 — *Portraits.*

Sur la même feuille, sont groupés divers personnes de la même famille : dans le fond, le père s'appuyant sur la base d'une colonne ; au premier plan, un jeune garçon debout.

Croquis à la pierre d'Italie, rehaussé de blanc, sur papier bleu.

Haut., 37 cent.; larg., 25 cent.

LARGILLIÈRE

(NICOLAS)

70 — *Portrait de jeune femme avec les attributs de Diane chasseresse.*

Au lavis d'encre de Chine.

Haut., 26 cent.; larg., 18 cent.

LAVREINCE

(NICOLAS)

71 — *Mrs Merteuil and Miss Cecile Volange.*

A gauche, une femme debout, les seins nus, le corset complètement défait, les yeux baissés, tenant un mouchoir à la main; près d'elle, une femme assise, en chapeau, de profil, à gauche, tenant d'une main le lacet du corset de la jeune femme; à droite, une harpe et un chiffonnier; à gauche, une table de toilette. Sujet tiré des *Liaisons dangereuses.*

Dessin de forme ovale, rehaussé de blanc.

A été gravé en noir et en couleur par Romain Girard.

Haut., 33 cent.; larg., 27 cent.

Cadre en bois sculpté.

LE BARBIER

(J.-J.-FRANÇOIS)

72 — *La Surprise.*

Un jeune homme caché derrière un arbre regarde une jeune fille en costume de vestale, qui rattache les cordons de sa chaussure.

Lavis d'encre de Chine.

Haut, 15 cent.; larg., 18 cent.

LE BARBIER

(J.-J. FRANÇOIS)

73 — *La Bergère surprise.*

Plume et crayon noir.

Haut., 18 cent.; larg., 13 cent.

LEMOINE

(FRANÇOIS)

74 — *Bacchanale.*

Pierre d'Italie et lavis d'encre de Chine sur papier bleu.

Haut., 28 cent.; larg., 38 cent.

LEMOINE

(FRANÇOIS)

75 — *Nymphes au bain.*

A la pierre d'Italie, rehaussé de blanc sur papier bleu.

Haut., 25 cent.; larg., 35 cent.

LEMOINE

(FRANÇOIS)

76 — *Nymphes au bain.*

Dessin au crayon noir, rehaussé de blanc sur papier bleu.

Haut., 24 cent.; larg., 39 cent.

LEMOINE

(FRANÇOIS)

77 — *Nymphes et Satyres dans un paysage.*

A la pierre d'Italie, rehaussé de blanc sur papier bleu.

Haut., 38 cent.; larg., 27 cent.

LEMOYNE

1780

78 — *Portrait de la reine Marie-Antoinette.*

Elle est représentée en buste, de profil à gaugauche; les cheveux, très relevés, retombant en boucles sur le cou.

Dessin de forme ovale.

Au lavis d'encre de Chine et d'aquarelle.

Haut., 10 cent.; larg., 8 cent.

LE PAON

(JEAN-BAPTISTE)

79 — *Préparatif d'une fête au Palais-Royal.*

La grande galerie du palais, déjà animée de nombreux personnages, est décorée de girandoles; au milieu du plafond, un globe, d'où s'échappent des rayons, porte les armes de la famille d'Orléans.

Au lavis d'encre de Chine.

Haut., 33 cent.; larg., 56 cent.

LE PAON

(JEAN-BAPTISTE)

80 — *Le Défilé.*

Différents groupes de cavaliers traversant un paysage montagneux.

Plume et lavis d'encre de Chine, rehaussé de blanc.

Signé et daté 1776.

Haut., 47 cent.; larg., 66 cent.

LE PAON

(JEAN-BAPTISTE)

81 — *La Halte.*

Dans un bois, des militaires campent et se livrent à différents exercices.

Plume et lavis d'encre de Chine, rehaussé de blanc.

Signé et daté 1776.

Haut., 47 cent.; larg., 65 cent.

LE PAON

JEAN-BAPTISTE)

82 — *Assaut d'une forteresse.*

Plume et lavis de bistre.

Haut., 20 cent.; larg., 26 cent.

Cadre en bois sculpté.

LÉPICIÉ

(NICOLAS-BERNARD)

83 — *Portrait d'un paysan.*

Il est représenté en buste, tourné à droite, coiffé d'un chapeau à bords relevés.

Dessin aux trois crayons.

Signé.

Haut., 21 cent.; larg., 16 cent.

LÉPICIÉ

(NICOLAS-BERNARD)

84 — *Le Repos.*

Jeune fille en buste, appuyée sur un oreiller ; de trois quarts à gauche, coiffée d'un bonnet ; cheveux tombant sur les épaules.

Dessin au lavis d'encre de Chine, de forme ovale.

Haut., 10 cent.; larg., 8 cent.

LÉPICIÉ

(NICOLAS-BERNARD)

85 — *Portrait d'une jeune fille.*

Elle est représentée en buste, dirigée à gauche avec fichu sur la tête et fleurs au corsage.

Aux trois crayons.

Haut., 59 cent.; larg., 26 cent

LE PRINCE

(JEAN-BAPTISTE)

86 — *Le Jeu de Colin-Maillard.*

Au milieu de la composition, une jeune fille debout, les yeux bandés, les bras étendus, est entourée de jeunes garçons et d'enfants. A gauche, deux musiciens assis; à droite, un jeune homme fait des caresses à une jeune fille.

Au lavis d'encre de Chine.

Signé.

Haut., 13 cent.; larg., 24 cent.

Cadre en bois sculpté.

LE PRINCE

(JEAN-BAPTISTE)

87 — *Le Repos.*

Jeune fille assise au milieu d'un paysage; une corbeille de fleurs est à côté d'elle.

Crayons et aquarelle.

Haut., 32 cent.; Larg., 27 cent.

Cadre en bois sculpté.

LE PRINCE

(JEAN-BAPTISTE)

88 — *La Sultane.*

Elle est assise dans un cabinet devant sa toilette. Une esclave tient une glace devant elle, pendant qu'une soubrette orne sa coiffure.

A la mine de plomb.

Haut., 15 cent.; Larg., 11 cent.

Cadre en bois sculpté.

LE PRINCE

(JEAN-BAPTISTE)

89 — *Paysans russes au repos.*

Plume et mine de plomb.

Haut., 18 cent.; Larg., 26 cent.

MARILLIER

(PIERRE-CLÉMENT)

90 — *Volsidor et Zulmenie.*

Au milieu, près d'une fontaine, un jeune homme à genoux cherche à retenir une jeune femme dans ses bras.

Ce dessin à la sépia, signé et daté 1776 et gravé par de Ghent, a servi de frontispice pour *Volsidor* et *Zulménie*, conte pour rire, par Mme la comtesse de Beauharnais. Paris, Delalain, 1776.

Haut., 14 cent.; Larg., 9 cent.

Cadre en bois sculpté.

MARILLIER

(PIERRE-CLÉMENT)

91 — *Frontispice pour les* Victimes de l'Amour, *de Dorat.*

A gauche, une jeune femme éplorée grave une épitaphe sur un tombeau.

Dessin à la plume et sépia rehaussé de blanc.

Signé et daté 1775.

A été gravé par de Ghent.

Haut., 14 cent.; Larg., 9 cent.

MARILLIER

(PIERRE-CLÉMENT)

92 — *Idylle.*

Jeune femme présentant une fleur à un jeune homme, assis à droite sur le bord d'une fontaine.

Sur le devant, des chèvres.

A la mine de plomb.

Signé : C. P. Marillier in. 1789.

A été gravé pour les *Idylles* de Berquin

Haut., 9 cent.; Larg., 6 cent.

Cadre en bois sculpté.

MARILLIER

(PIERRE-CLÉMENT)

93 — *Fleurons.*

Le premier est formé d'un entourage avec guirlandes de feuillages et de fleurs : au milieu, un médaillon représentant un laboureur dirigeant ses bœufs.

Le second est formé d'un cartouche surmonté d'un amour tenant des guirlandes de fleurs.

Au milieu, dans un encadrement, est représentée une jeune fille debout dans un paysage.

Au-dessous, une tête de Méduse.

Plume et lavis de bistre.

Signés et datés 1773 et 1775.

Haut., 10 cent.; Larg., 9 cent.

Cadre en bois sculpté.

MIGNARD

(PIERRE)

94 — *Portrait du Dauphin.*

Il est représenté en buste, dirigé à gauche, regardant de face, cheveux bouclés.

Dessin aux trois crayons.

Haut., 24 cent.; Larg., 19 cent.

MONNET

(CHARLES)

95 — *La Foi. — La Douleur.*

Plume et lavis d'encre de Chine.
Deux dessins faisant pendants.

Haut., 8 cent.; Larg., 5 cent.

MONNET

(CHARLES)

96 — *La Justice et le Crime.*

Fleuron pour un livre in-4°.
A la plume et lavis de bistre.

Haut., 10 cent.; Larg., 13 cent.

MOREAU

(JEAN-MICHEL) le jeune

97 — *L'Amour enchaîné par les Grâces.*

M. E. Bocher, dans son *Catalogue raisonné de l'Œuvre de Moreau le jeune*, fait la description suivante de ce dessin, sur lequel il donne en même temps quelques renseignements intéressants.

« L'Amour est enchaîné à droite à un arbre, par des guirlandes de fleurs qui lui lient le corps, les deux pieds et les mains. Les trois Grâces sont autour de lui. L'une est à droite debout, l'autre à gauche, assise sur un tertre. La troisième a une guirlande de fleurs en écharpe sur la poitrine.

« Cette vignette gravée par Massard, fait partie de la suite de cinq vignettes illustrant l'ouvrage de Querlon : *Les Grâces* — à Paris, chez Laurent Prault — 1769. »

M. Bocher ajoute : « Un des dessins de cette suite, celui qui a été gravé avec la légende : l'Amour enchaîné par les Grâces, passait en mai 1880 à la vente Mahérault, catalogué sous le numéros 177, il était adjugé pour la somme de 2,500 francs. »

Haut., 12 cent.; Larg., 7 cent.

Cadre en bois sculpté.

MOREAU

(JEAN-MICHEL) le jeune

98 — *En-tête de page pour illustration des* Chansons *de Laugeon.*

Plume et sépia.
Signé et daté 1771.

Haut., 5 cent.; Larg., 7 cent.

Cadre en bois sculpté.

MOREAU

(JEAN-MICHEL) le jeune

99 — *Sujet héroïque.*

Dessin à la plume et sépia.
Signé et daté 1776.

Haut., 7 cent.; Larg., 10 cent.

MOUCHERON

(ISAAC)

100 — *Parc avec pièce d'eau.*

A gauche, la statue d'Hercule sur une fontaine; quelques personnages sur le devant.

Dessin à l'aquarelle. Signé.

Haut., 27 cent.; Larg., 24 cent.

MULLER

101 — *Cadre ornementé pour une glace, surmontant un canapé.*

Plume et lavis.

Signé.

Haut., 36 cent.; Larg., 14 cent.

NATTIER

(JEAN-MARC)

102 — *Portrait d'homme.*

A la sanguine.

Haut., 17 cent.; Larg., 14 cent.

NILSON

(ÉLIE)

103 — *Le Messager.*

Il apporte une lettre à une jeune femme qui se présente à la porte de son appartement.

Plume et lavis d'encre de Chine.

Haut., 16 cent.; Larg., 8 cent.

Cadre en bois sculpté.

OUDRY

(JEAN-BAPTISTE

104 — *Vue d'un parc.*

Dans le fond, de grands arbres cachés par un treillage, formant niche au milieu, avec la statue de Diane chasseresse sur un piédestal.

Crayon noir rehaussé de blanc sur papier bleu.

Haut., 22 cent.; Larg., 44 cent.

Cadre en bois sculpté.

OUDRY

(JEAN-BAPTISTE)

105 — *Entrée d'un parc.*

Au milieu, un grand escalier; à droite, une porte en treillage.

Dessin au crayon noir rehaussé de blanc.

Signé et daté 1744.

Haut., 31 cent.; Larg., 52 cent.

OZANNE

106 — *Vue prise de l'intérieur du port de Brest, du côté des Corderies, en 1764*

Plume et lavis d'encre de Chine, rehaussé de blanc.

Signé.

Haut., 14 cent.; Larg., 23 cent.

Vue de l'intérieur du port de Brest prise devant le château en 1764.

Plume et lavis d'encre de Chine, rehaussé de blanc.

Signé.

Haut., 14 cent.; Larg., 23 cent.

Ces deux dessins faisant pendants sont dans des cadres en bois sculpté.

OZANNE

107 — *Vue du port de Brest et de la construction des bassins de Pontaniou.*

Au crayon et encre de Chine.

Haut., 32 cent.; Larg., 65 cent.

OZANNE

108 — *Vue de Brest.*

Partie de la ville où l'on voit le vaisseau du Roi *le Zodiaque* tiré à terre.

Au milieu, les armes du duc de Praslin auquel le dessin est dédié par l'artiste.

Crayon noir et mine de plomb.

Haut., 46 cent.; Larg., 64 cent.

PATER

(JEAN-BAPTISTE)

109 — *Recréations champêtres.*

Dans un paysage rustique, traversé par une rivière, plusieurs groupes de personnages se livrent à des jeux divers.

Etude aux trois crayons pour un de ses tableaux.

Haut., 42 cent.; Larg., 52 cent.

Cadre en bois sculpté.

PATER

(JEAN-BAPTISTE)

110 — *La Collation champêtre.*

Dans une clairière de bois, on remarque un groupe de personnages assis autour d'une table. Devant eux, un homme debout paraît faire des tours de physique.

Etude aux trois crayons, pour un de ses tableaux.

Haut., 40 cent.; Larg., 51 cent.

Cadre en bois sculpté.

PERNOT

(FRANÇOIS-ALEXANDRE)

111 — *Entrée d'un palais.*

Aquarelle de forme ovale.

Haut., 17 cent.; Larg., 14 cent

Cadre en bois sculpté.

PICART

BERNARD)

112 — *Frontispice pour un livre sur la Marine.*

Cartouche ornementé au haut duquel sont représentés Mercure et le Génie de la Navigation.

La composition du milieu représente un atelier de tisseurs de voiles.

Plume et lavis d'encre de Chine.

Signé et daté 1716.

Haut., 22 cent.; Larg., 17 cent.

Cadre en bois sculpté.

PICART

(BERNARD

113 — *Tirage d'une loterie.*

Une jeune fille, montée sur une estrade, retire les billets d'une roue.

En bas, un groupe de personnages attendant le résultat.

Plume et lavis d'encre de Chine.

A été gravé.

Haut., 12 cent.; Larg., 7 cent.

PIERRE

(JEAN-BAPTISTE-MARIE)

114 — *Sujet tiré de l'Histoire sainte.*

Dessin au lavis d'encre de Chine, de forme ronde.

Diam., 22 cent.

Cadre en bois sculpté.

PILLEMENT

(JEAN)

115 — *Cabanes chinoises.*

Deux dessins au crayon noir.

Signés.

Ont été gravés.

Haut., 25 cent.; Larg., 34 cent.

Dans un même cadre en bois sculpté.

PILLEMENT

116 — *Livre de grottes et de pavillons chinois.*

Suite de cinq dessins à la plume et lavis d'encre de Chine.

Ont été gravés et publiés chez la veuve Chereau, aux deux piliers d'or.

Haut., 11 cent.; Larg., 16 cent.

PORTAIL

(JACQUES-ANDRÉ)

117 — *Le Concert.*

Jeune femme à genoux sur une chaise, tenant ouvert un livre de musique, et ayant à sa droite une jeune fille et un homme qui joue de la flûte.

A droite, un homme debout les regarde. Les quatre personnages qui figurent sur ce dessin semblent représenter les portraits d'une famille noble de l'époque.

Dessin aux trois crayons.

Haut., 32 cent.; Larg., 25 cent.

Cadre en bois doré.

PORTAIL

(JACQUES-ANDRÉ)

118 — *Jeune femme assise.*

Elle est représentée de trois quarts, le bras gauche relevé et posé sur le dossier de sa chaise.

Dans le haut, à droite, une ébauche de figure et une étude de main.

Sanguine et pierre d'Italie.

Haut., 34 cent.; Larg., 30 cent.

QUEVERDO

(FRANÇOIS-MARIE-ISIDORE)

119 — *La bonne Mère.*
Le bon Fils.
Myrtil et Chloé.
Le Pardon.

Suite de quatre dessins pour opéras comiques.
A l'aquarelle.

Trois de ces dessins sont signés et datés de 1786.

Haut., 8 cent.; Larg., 6 cent.

Cadre en bois sculpté.

QUEVERDO

(FRANÇOIS-MARIE-ISIDORE)

120 — *La Collation.*

Dans un jardin, une jeune fille présente une corbeille de fruits à un jeune homme assis à une table, en face de son père.

Dessin à la mine de plomb.

Signé et daté 1772.

Haut., 13 cent.; Larg., 8 cent.

Cadre en bois sculpté.

OUEVERDO

(FRANÇOIS-MARIE-ISIDORE)

121 — *La Terre.*

Un jeune homme à genoux, aux pieds d'une jeune femme assise à droite dans un parc.

Au fond, un vase sur un piédestal.

Sanguine et lavis.

Signé et daté 1770.

Gravé par Dambrun.

Haut., 18 cent.; Larg., 13 cent.

Cadre en bois sculpté.

RIGAUD

(HYACINTHE)

122 — *Portrait de femme.*

Elle est représentée assise, vue presque de face, tenant une fleur à la main : la poitrine découverte, avec guipure au corsage et une draperie négligemment jetée sur les épaules.

Dessin au crayon noir, rehaussé de blanc.

Haut., 37 cent.; Larg., 29 cent.

Cadre en bois sculpté.

ROWLANDSON

123 — *Le chevalier d'Eon faisant une passe avec le sergent Léger, soldat des gardes.*

La salle d'armes où cette scène est représentée est celle d'Angelo, célèbre maître d'escrime du siècle dernier, et qui se trouvait être en quelque sorte une dépendance du théâtre de Haymarket, puisqu'elle fut détruite dans l'incendie de ce théâtre. Parmi les spectateurs on voit, au milieu, le marquis de Buckingham, un peu plus à droite Ch. Fox, le marquis de S..., et Angelo lui-même qui est debout; à gauche, Lebrun, maître d'armes français; le personnage, accroupi du même côté, est Angelo père avec le fils d'Angelo, debout derrière lui : tout à fait à droite, on voit Rowlandson qui regarde attentivement cette scène. Dans le fond, vers la droite, est pendu au mur le portrait du chevalier de Saint-George, seul objet qu'Angelo put sauver lors de l'incendie de la salle.

Dessin à l'aquarelle signé et daté de 1788.

A été gravé en couleur.

Haut., 35 cent.; Larg., 51 cent.

Cadre en bois sculpté.

ROWLANDSON

124 — *La place Victoire, à Paris.*

A gauche, la statue sur un piédestal, autour de laquelle défilent des personnages de toutes conditions; dans le fond, au-dessus des maisons, on aperçoit les tours de Notre-Dame.

Ce dessin, au lavis d'encre de Chine et d'aquarelle, a été gravé en couleur.

Haut., 36 cent.; Larg. 53 cent.

Cadre en bois sculpté.

ROWLANDSON

125 — *La Lettre d'amour.*

Jeune fille assise dans un fauteuil lisant une lettre que vient de lui remettre un page, debout à droite.

Plume et lavis d'aquarelle.

Signé et daté 1822.

A été gravé.

Haut., 29 cent.; Larg., 23 cent.

ROWLANDSON

126 — *En Mer.*

Sur un bateau, un passager grotesque regarde dans une longue vue, pendant que sa fille à ses côtés se laisse embrasser par un jeune homme.

Plume et lavis d'aquarelle.

A été gravé.

Haut., 27 cent.; Larg., 22 cent.

ROWLANDSON

127 — *Une Laitière de Londres.*

Plume et aquarelle.

A été gravé.

Haut., 27 cent.; Larg. 21 cent.

ROWLANDSON

128 — *Le marchand de pommes.*

Plume et lavis d'aquarelle.

A été gravé.

Haut., 29 cent.; Larg., 23 cent.

SAINT-AUBIN

(GABRIEL de)

129 — *Portrait de Mademoiselle Colombe.*

Elle est représentée en buste, tournée à droite; coiffure en cheveux relevés et poudrés; la poitrine découverte avec fleur au corsage.

Dessin de forme ovale aux crayons de couleur.

Haut., 14 cent.; Larg., 11 cent.

Cadre en bois sculpté.

SWEBACH-DESFONTAINES

(JACQUES-FRANÇOIS-JOSEPH)

130 — *L'Arrivée au camp.*

Plume et sépia.

Haut., 19 cent; Larg., 28 cent.

Cadre en bois sculpté.

TRINQUESSE

(J.)

131 — *Jeune femme assise.*

Dessin à la sanguine. On lit au bas : « Ce 20 may 1771, par Trinquesse. »

Haut., 32 cent; Larg., 22 cent.

Cadre en bois sculpté.

TRINQUESSE

(J.)

132 — *Portrait d'homme.*

Il est représenté en buste, tourné à gauche; perruque poudrée avec rubans tombant sur les épaules.

Dessin à la sanguine de forme ronde.

Signé et daté 1782.

Diam., 10 cent.

VERNET

(CARLE)

133 — *Entrée d'un cirque.*

Aquarelle.

Signé Carle Vernet. Rome 1820.

Haut., 17 cent.; Larg., 23 cent.

VERNET

(CARLE)

134 — *Costumes français de* 1805 *à* 1810 *et de* 1810 *à* 1814.

Deux dessins à la mine de plomb, renfermant chacun douze costumes différents.

Ont été gravés.

Haut., 21 cent.; Larg., 14 cent.

VINCENT

(FRANÇOIS-ANDRÉ)

135 — *A la promenade.*

Jeune femme en grande toilette, chapeau à larges bords, garni de plumes, assise sur une chaise dans un jardin.

Dessin au crayon noir, rehaussé de blanc. Signéet daté 1790.

Haut., 54 cent; Larg., 32 cent.

Cadre en bois sculpté.

VINCENT

(FRANÇOIS-ANDRÉ)

136 — *Portrait de la reine Marie-Antoinette.*

Elle est représentée en buste, dirigée à droite; un fichu blanc lui couvre les épaules et elle est coiffée d'un bonnet garni de fleurs.

Dessin aux trois crayons, de forme ovale.

Haut., 25 cent.; Larg., 20 cent.

N° 3. Borel – Ependants — 3.500.
41 Frago – Satyre de 2 à 4000f
ou le N° suivant
42 d° ———— 1200 à 1500
48 Freudeberg 15 à 1800 f.
86 Le Prince Colin maillard — 1000 à 120
121 Quevedo La Terre – 800 à 1000
123 Rowlandson 3500 ou
124 " – 1500 à 1800
135 Vincent 12 à 1500 —

N° 27 Dumoustier. 6 à 800 f ——
~~Lépicié~~ ~~Abraham~~ ~~Le Hoff~~ [illegible]
~~Lemoine~~ [illegible] Antoinette

2 Avril 86.

Monsieur,

Voici la désignation des dessins que je désirerais avoir à la vente de demain.

N.os 46 et 47 du Catalogue. (Freudeberg) — 3000.
N.o 60 idem (Huet) — 410.
N.o 98. idem (Moreau) — 400.
N.o 103 idem (Belson) — 400.

Je vous serai très obligé de tâcher de m'avoir ces dessins en restant à peu près dans les prix ci-dessus indiqués.

Agréez, Monsieur, mes compliments empressés.

Walther Chabrol

WATTEAU

(ANTOINE)

137 — *Étude sur une même feuille de deux femmes assises.*

Dessin aux trois crayons.

A été gravé dans les volumes de croquis de Watteau.

Haut., 21 cent.; Larg., 31 cent.

Cadre en bois sculpté.

WILLE

(PIERRE-ALEXANDRE)

138 — *Intérieur de cabaret.*

Au milieu, autour d'une table, sont assis trois hommes jouant aux cartes; dans le fond, l'aubergiste apporte un plat.

Dessin à la plume avec lavis de bistre et d'encre de Chine.

Signé et daté 1811.

Haut., 32 cent.; Larg. 25 cent.

Cadre en bois sculpté.

IMPRIMERIE PILLET ET DUMOULIN
Rue des Grands-Augustins, 5, à Paris.

www.ingramcontent.com/pod-product-compliance
Ingram Content Group UK Ltd.
Pitfield, Milton Keynes, MK11 3LW, UK
UKHW021220230726
13926UKWH00003B/1138